Fun Food for Kids

JESSICA NEBEL

Fun Food for Kids

OBST & GEMÜSE MIT
WOW-EFFEKT – BUNT, KREATIV
UND SOOO ZAUBERHAFT!

Liebe Kinder, liebe Erwachsene,

darf ich vorstellen: Ella Zitronella – eigentlich hat sie sich nie so richtig für Obst und Gemüse begeistern können. Bis sie eines Tages mit eigenen Augen gesehen hat, wie sich ein Apfel in einen Elefanten verwandelt. Und da war es um sie geschehen: Ihre Neugierde auf Obst wurde geweckt und sie fand auf einmal Gefallen an jeglichem Gemüse! Plötzlich kannte ihre Fantasie keine Grenzen mehr und sie hat in Erdbeeren kleine Zwerge mit roten Mützen gesehen und in jeder Birne einen Wal. Und bei schlechtem Wetter ging für Ella mit einem Paprika-Regenbrot wieder die Sonne auf. Aus unserem Obst- und Gemüsemuffel ist eine kleine Vitamin-Heldin geworden!
Das Tolle ist, dass Ella nicht nur ein neues kreatives Hobby für sich und ihre Familie entdeckt hat, sondern sich und ihrem Körper gleichzeitig etwas Gutes tut. Denn je abwechslungsreicher und damit vitaminreicher unser Essen ist, desto mehr unterstützen wir unseren Körper, zu wachsen und die vielfältigen Aufgaben unseres Lebens zu bewältigen. Wer gesund isst, wird groß und stark. Und unsere Ella kann mittlerweile (fast) Bäume ausreißen!

Mit diesem Buch möchte ich euch mit auf eine Reise durch Ellas Fantasiewelt nehmen. Ihr findet hier 30 inspirierende Rezepte, die leicht mit der ganzen Familie umzusetzen sind, alle Augen zum Leuchten bringen und lecker schmecken. Die lustigen Teller-Kreationen sind zum Großteil aus gesunden, vitaminreichen Nahrungsmitteln hergestellt wie Obst, Gemüse, Getreide- und Milchprodukten. Zugegeben: Manchmal steigern meiner Erfahrung nach Zuckeraugen und kleine Marshmallows die Motivation, wenn es darum geht, gesundes Obst zu vernaschen.

Zudem erfahrt ihr in diesem Buch, wie ihr selbst kreativ werden und euer eigenes Fun Food kreieren könnt. Ihr werdet sehen: Es macht richtig Spaß, sich in der Küche gemeinsam kreativ auszutoben! Und wer sein Essen selbst zubereitet, wird nicht nur neugierig auf neue Lebensmittel, sondern stärkt gleichzeitig auch sein Selbstbewusstsein. Stellt Euch vor, ihr ladet Eure Freunde und Freundinnen ein und überrascht sie mit ein paar Weintrauben-Dinos. Gibt es etwas Schöneres, als anderen ein Lächeln ins Gesicht zu zaubern?!

Also, auf geht's – weckt den Löwen im Pfirsich, veranstaltet Gurkenschnecken-Wettrennen und malt bärenstarke Pfannkuchen in die Pfanne! Und wenn ihr mögt, teilt eure Teller-Kunstwerke unter dem Hashtag #finally_she_eats_apples. Ich kann es kaum erwarten, sie auf Insta zu sehen! Unter dem gleichnamigen Account findet ihr übrigens noch viele weitere Ideen und Inspirationen rund um das Thema Fun Food. Ich freue mich über eure Anregungen und Kommentare!

Viel Spaß beim „Funfooden"!
Eure Jessica

so geht's

Wenn ihr durch das Buch blättert, werdet ihr sehen, dass es in drei Bereiche gegliedert ist: Zuerst lernt ihr die unterschiedlichen Utensilien kennen, die benötigt werden. Im zweiten Teil findet ihr 30 lustige Rezepte in drei Kategorien: Obsttiere und süße Snacks, Herzhaftes für Zwischendurch und Teller-Kreationen für besondere Feiertage und Familienfeste. Und im letzten Teil zeigt euch Ella Zitronella Gestaltungsgrundlagen und Kreativübungen, damit ihr zukünftig ganz eigene Fun-Food-Ideen entwickeln könnt.

Damit alle mitmachen können, ob Groß oder Klein, sind die Rezepte mit Schritt-für-Schritt-Illustrationen versehen, die zeigen, wie's geht.

Oft gibt euch Ella Zitronella zusätzlich Tipps, z. B. generell zum Zubereiten von Fun Food oder für alternative Lebensmittel und Utensilien.

Und die Info-Birne liefert spannendes Hintergrundwissen zu verwendeten Zutaten oder Themen, die das jeweilige Fun-Food-Gericht behandelt.

Den „Aktions-Sticker" findet ihr im letzten Kapitel des Buches, also bei den Grundlagen für eigene Ideen. Er weist auf Übungen hin, die eure Kreativität aktivieren und euch anregen, eigene Fun-Food-Ideen zu entwickeln.

Ein paar Worte an die Erwachsenen

Ich habe die Rezepte bewusst nicht mit Schwierigkeitsgraden versehen, denn ihr wisst am besten, wie geschickt eure kleinen Küchenhelden und -heldinnen sind. Manche Kinder können mit 5 Jahren schon sehr gut mit dem Kindermesser umgehen, andere sind vielleicht besser im Dekorieren und Aufkleben von Zuckeraugen und Möhrennasen. Und ältere Kinder dürfen unter Aufsicht auch schon mal den Herd bedienen.

Vor allem am Anfang ist es wichtig, die Rezepte gemeinsam mit dem Kind in Angriff zu nehmen und zu assistieren, wann immer es Hilfe benötigt. Überlasst eurem Kind die Führung und lasst es experimentieren. Mit der Zeit wird es immer selbstbewusster werden im Umgang mit Nahrungsmitteln und Kochutensilien.

Übrigens: Keines der hier versammelten Fun-Food-Rezepte muss 1:1 umgesetzt werden. Im Gegenteil: Meine Vorschläge sollen vielmehr die Fantasie anregen und als Startschuss für eigene Kreationen dienen. Nehmt eure Kinder zum Einkaufen mit – oft kommen beim Anblick der verschiedensten Obst- und Gemüsesorten die besten Ideen, und gleichzeitig wird ganz nebenbei die Neugierde auf neue Lebensmittel geweckt.

Das braucht ihr

Für die Zubereitung von Fun Food benötigt ihr kein teures Equipment, das meiste findet ihr sicher schon bei euch in einer Küchenschublade. Die wichtigsten Utensilien sind:

1 Messer. Eines der wichtigsten Werkzeuge, wird benötigt, um individuelle Formen auszuschneiden. Verwendet am besten ein Kindermesser und lasst euch von einem Erwachsenen zeigen, wie es geht.

2 Pinzette. Hilft dabei, Objekte zu platzieren, wenn es mal fummeliger wird.

3 Wattestäbchen und Küchenpapier/Geschirrtuch. Um kleine Patzer zu korrigieren und Tropfen und Kleckse oder Verschüttetes zu beseitigen.

4 Zahnstocher und längere Holzspieße. Eignen sich gut, um etwas einzuritzen oder Details aufzutupfen. Außerdem zum Verbinden von Obst- oder Gemüseteilen.

5 Ausstechformen in verschiedenen Größen, geometrisch. Kein Muss, helfen aber, wenn es kleinteiliger wird oder eine akkurate Form erreicht werden soll.

6 Strohhalm. Um ganz kleine, runde Teile herzustellen.

7 Lebensmittelstift in Schwarz. Um Gesichtszüge aufzumalen oder Zuckeraugen herzustellen (s. S. 96).

Schaut euch mal zu Hause um: Cremetubenverschlüsse, Schraubdeckel, Gläser und Ü-Ei-Verpackungen eignen sich prima als kostenfreie Alternative zu herkömmlichen Ausstechern und Förmchen. Auf S. 72 erfahrt ihr beispielsweise, wie sich mithilfe von Ü-Ei-Verpackungen leckere Joghurt-Eis-Augen herstellen lassen.

Es gibt auch ein paar nützliche Grundzutaten, die ihr möglichst immer zur Hand haben solltet:

- **Zuckeraugen, Schoko- und Zuckerstreusel, Schokoladendrops und Mini-Marshmallows.** Für Gesichtszüge und andere Körperdetails.
- **Erdnussbutter oder Lebensmittelkleber.** Um Zuckeraugen und Co. auf euren Obstfiguren zu befestigen.
- **Lebensmittelfarbe.** Um z. B. Frischkäse und Joghurt einzufärben.

Noch besser als Lebensmittelfarbe sind sogenannte „färbende Lebensmittel“: Diese werden ganz natürlich aus Obst und Gemüse hergestellt und liefern nebenbei auch noch gesunde Nährstoffe und Vitamine.

Obsttiere
und süsse Snacks

Apfel-Elefant

Vorhang auf – Manege frei! Elena Elefant ist etwas mulmig zumute, denn ihr erster Zirkus-Auftritt steht bevor. Ob sie genug geprobt hat?

WAS IHR BRAUCHT:

1 Apfel · 2 weiße Mini-Marshmallows · Erdnussbutter · 2 Zuckeraugen · 2 rosa Zuckerkonfetti · 2 längliche Schokostreusel

1 Mit einem Messer schneidet ihr zunächst seitlich die Beine aus dem Apfel aus.

2 Nun wird vorne der Bereich für Rüssel und Vorderbeine ausgeschnitten. Versucht, diese Bereiche nicht zu kleinteilig auszuschneiden: Aus diesen Resten werden die Ohren und der Schwanz zurechtgeschnitten.

3 Schneidet jetzt hinten die Hinterbeine aus.

4 Für das Elefantengesicht rollt ihr die Mini-Marshmallows zwischen Daumen und Zeigefinger zu spitzen Kegeln: Das werden Elenas Stoßzähne.

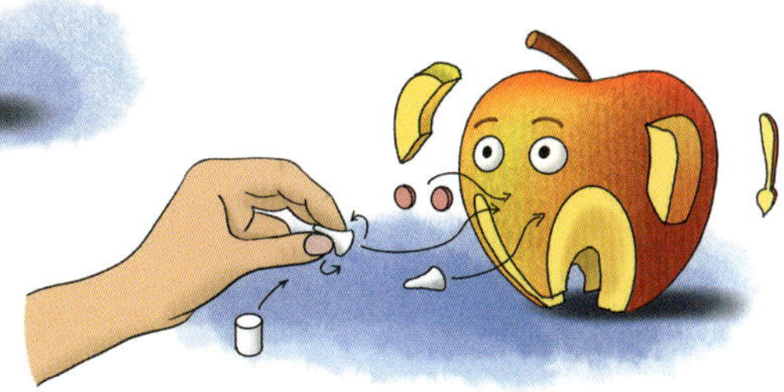

5 Mit Erdnussbutter klebt ihr die Details dann an: zuerst die Stoßzähne, die Zuckeraugen und die rosa Konfettis darunter, dann die Schokostreusel als Augenbrauen, und zum Schluss die Ohren und den Schwanz aus den Apfelresten.

Äpfel lassen Obst und Gemüse, das in ihrer Nähe aufbewahrt wird, aufgrund ihres Hormons Ethylen schneller reifen. Am besten lagert ihr Äpfel darum gesondert.

Wusstet ihr, dass der Apfel im antiken Griechenland als Liebesbeweis galt? Wollte ein Mann einer Frau einen Heiratsantrag machen, so brachte er ihr einen Apfel mit. Wenn sie den Apfel angenommen hatte, willigte sie gleichzeitig in die Heirat ein. Was eine Angebetete damals wohl zu so einem Apfel-Elefanten gesagt hätte?

Erdbeer-Zwerge

Heute hat sich Schneewittchen zum Besuch angemeldet. Kein Wunder, dass die 7 Erdbeer-Zwerge ganz aus dem Häuschen sind!

WAS IHR BRAUCHT:

1 Birne · 1 Apfel · 7 Erdbeeren · Erdnussbutter · 14 weiße Schokodrops · 1 Vollmilchschokodrop (optional) · 14 Zuckeraugen

1 Für das Zwergenhaus schneidet ihr den unteren Teil der Birne ab, sodass dieser gut stehen kann. Oben entfernt ihr so viel, dass ihr später das Apfel-Pilzdach darauf platzieren könnt. Die Umrisse der Tür und des Fensters ritzt ihr zunächst ein, um anschließend die Schale an diesen Stellen sauber abschälen zu können.

2 Den Apfel teilt ihr in etwa in der Mitte, sodass aus dem unteren Teil das Pilzdach entsteht.

3 Nun schneidet ihr von den Erdbeeren jeweils den Blütenkelch und den darunter liegenden Teil so weit ab, dass jede Erdbeere sicher stehen kann.

4 Die untere Apfelhälfte setzt ihr auf eure präparierte Birne. Dann mit Erdnussbutter die weißen Schokodrops als Punkte auf dem Pilz ankleben. Für den Türknauf könnt ihr einen Vollmilchschokodrop verwenden. Was fehlt noch? Na klar: die Zuckeraugen für die sieben Zwerge!

Zuckeraugen könnt ihr übrigens auch ganz leicht selbst herstellen. Auf S. 96 zeige ich euch, wie es gemacht wird.

Birnen-Wal

Sommer, Sonne, Sonnenschein!
In seinem Urlaub mag Birnen-Wal William nichts lieber als ein erfrischendes Blaubeerbad!

WAS IHR BRAUCHT:

1 Birne · 2 Zahnstocher · 1 Erdbeere · 10–15 Mini-Marshmallows · 2 Zuckeraugen · Erdnussbutter

1 Zunächst wascht ihr die Birne und schneidet das Maul aus. Passt auf, dass ihr es im Ganzen ausschneidet, denn ihr benötigt das herausgeschnittene Stück noch für die Flossen.

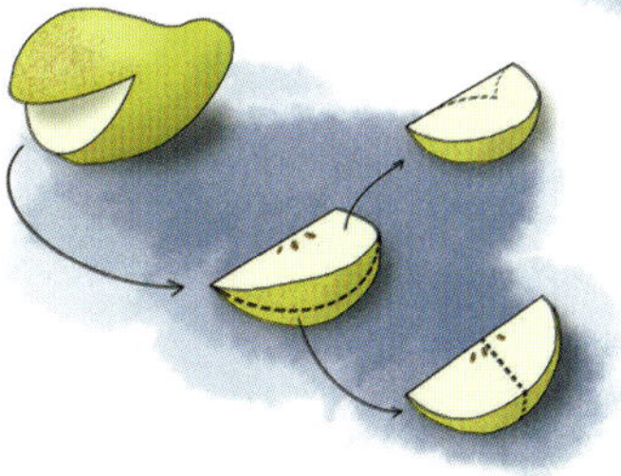

2 Das herausgeschnittene Stück halbiert ihr nun längs. Eine Hälfte wird nochmal quer geteilt. Bei der anderen schneidet ihr zwei Bögen aus, um die Schwanzflosse zu erhalten.

3 Nun steckt ihr die einzelnen Flossen mit den Zahnstochern fest. Am besten für jede Flosse einen halben Zahnstocher verwenden. Für die Zunge wascht ihr die Erdbeere, teilt sie der Länge nach und legt eine Hälfte in das offene Maul. Drumherum setzt ihr die Mini-Marshmallows für die Zähne (ggf. mit Lebensmittelkleber fixieren). Die Zuckeraugen werden mit Erdnussbutter aufgeklebt.

Trauben-Dinos

Seid ihr auch im Dino-Fieber? So schnell wie diese beiden gemacht sind, sind sie auch schon wieder weggeputzt!

WAS IHR BRAUCHT:

Für 2 Dinos: 2 Zahnstocher · 10 Weintrauben · 14–16 weiße Schokodrops · 4 orangefarbene Zuckerkonfetti · 4 Zuckeraugen · Erdnussbutter

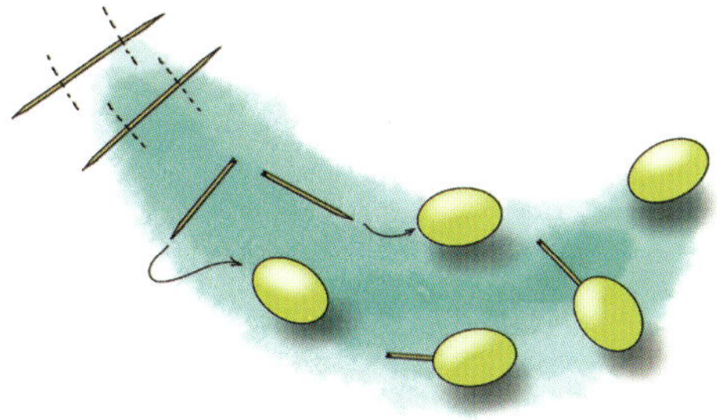

1 Die Zahnstocher in je drei Teile brechen. Die Weintrauben waschen und in 8 Weintrauben – am besten 4 kleinere und 4 größere – die Endstücke der Zahnstocher stecken.

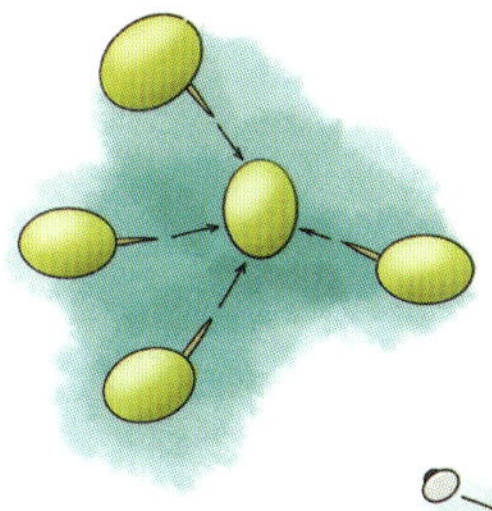

2 2 möglichst große Trauben bilden die Hauptkörper. Ringsherum werden an jedem Hauptkörper 4 Trauben mit Zahnstochern so aufgesteckt, dass sie einen Dino bilden. Benutzt möglichst kleinere Trauben für die Vorderbeine und größere für Kopf und Schwanz.

3 Nun könnt ihr die weißen Schokodrops für die Rücken- und Schwanzstacheln, die orangefarbenen Zuckerkonfetti für die Nüstern und die Zuckeraugen mit Erdnussbutter fixieren.

4 Achtung beim Naschen: Beißt immer ein Stück von der Traube ab, bevor ihr sie in den Mund steckt – es kann sonst passieren, dass euch eine ganze Traube im Hals stecken bleibt!

Wusstet ihr, dass man tatsächlich Fossilien gefunden hat, die beweisen, dass es bereits in der Übergangszeit von der Kreidezeit zum Tertiär Weinreben gab, also vor etwa 80 Mio. Jahren? Somit gab es auch Trauben schon zur Zeit der Dinosaurier!

Anstatt der Schokodrops könnt ihr auch Mini-Marshmallows verwenden. Diese rollt ihr einfach so lange zwischen Daumen und Zeigefinger, bis sie wie kleine Stacheln aussehen. Schaut mal auf S. 19, dort erkläre ich, wie es gemacht wird.

Bananen-Schaf

Hui, ist das heiß heute! Scharlotte Schaf freut sich, ihren Wollpelz gegen ein Marshmallow-Kleid tauschen zu können.

WAS IHR BRAUCHT:

Für 2 Schafe: weiße Kuvertüre · 1 Banane · 2 Popsicle-Spieße · bunte Mini-Marshmallows · 4 weiße Mini-Marshmallows · schwarzer Lebensmittelstift · 6 längliche Schokostreusel · 4 rosa Zuckerkonfetti · 4 gehobelte Mandelscheiben

1 Zunächst erhitzt ihr die Kuvertüre im Wasserbad: Setzt eine hitzebeständige Schale auf einen Topf mit kochendem Wasser. Wichtig: Nur so lange erhitzen, bis die Kuvertüre anfängt, unten zu schmelzen. Danach den Herd ausschalten und die Kuvertüre unter Rühren vollständig schmelzen.

2 Schält die Banane und teilt sie in zwei Hälften. Steckt diese auf die Popsicle-Spieße und legt sie auf ein Backpapier. Anschließend könnt ihr sie mit Hilfe eines Backpinsels mit der Kuvertüre bestreichen. Achtet darauf, den Gesichtsbereich freizulassen.

3 Bevor die Kuvertüre aushärtet, die bunten Mini-Marshmallows als „Fell" ankleben. Für die Augen drückt ihr 4 weiße Mini-Marshmallows zwischen zwei Fingern platt und malt mit dem Lebensmittelstift Pupillen auf. 2 weitere (bunte) Mini-Marshmallows platt drücken für die Schnauzen und jeweils drei längliche Schokostreusel darauf ankleben; das sind Nase und Maul. Zum Schluss befestigt ihr die Augen, die Schnauze und je 2 rosa Zuckerkonfetti für die Wangen mit ein klein wenig Kuvertüre. Als Ohren werden jeweils 2 gehobelte Mandelscheiben seitlich eingesteckt.

Melonen-Zauberpferdchen

Wenn du mal nicht weiter weißt, frag die drei Melonen-Zauberpferdchen. Die haben zwar selten eine Lösung, aber sie gucken niedlich und schmecken sooo süß!

WAS IHR BRAUCHT:

Für 4 Pferdchen: 1 Melone · weiße Kuvertüre · Popsicle-Spieße · bunte Zuckerperlen · 8 rosa Zuckerkonfetti · 8 Zuckeraugen · weiße Schokodrops oder Mini-Marshmallows

1 Für die eckigen Körper der Pferdchen gibt es einen einfachen Trick: Halbiert die Melone längs und schneidet eine Hälfte schachbrettartig tief ein, sodass 4 ganze Quader entstehen. Noch einmal ganz unten quer durchschneiden und die Melonenquader so aus der Schale lösen.

2 Nun löst ihr die Kuvertüre im Wasserbad auf: Setzt eine hitzebeständige Schale auf einen Topf mit kochendem Wasser. Wichtig: Nur so lange erhitzen, bis die Kuvertüre anfängt, unten zu schmelzen. Danach den Herd ausschalten und die Kuvertüre unter Rühren vollständig schmelzen.

3 Anschließend steckt ihr die Popsicle-Spieße von unten in die 4 Melonenquader und legt die Pferdchenkörper auf ein Backpapier. Die oberen Hälften bestreicht ihr mit Hilfe eines Backpinsels mit der Kuvertüre.

4 Bevor die Kuvertüre aushärtet, müsst ihr noch schnell die Zuckerperlen aufstreuen. Auch die Nüstern aus Zuckerkonfetti und die Zuckeraugen werden mit Kuvertüre fixiert. Für die Öhrchen habe ich weiße Schokodrops verwendet, ihr könnt aber auch Mini-Marshmallows zwischen Daumen und Zeigefinger rollen und so zu Öhrchen formen. Für den Extra-Frischekick könnt ihr die Zauberpferdchen nun noch für 2 Std. in das Gefrierfach legen.

Birnen-Biene

Der Frühling liegt in der Luft! Biene Helene streckt schon mal ihre Blaubeer-Fühler aus, um nach dem besten Nektar Ausschau zu halten.

WAS IHR BRAUCHT:

1 Birne · 2 Blaubeeren · 2 Zahnstocher · 2 Zuckeraugen · Lebensmittelkleber oder Honig · Schokosplitter

1 Wascht die Birne und schneidet den Stiel ab. Teilt die Birne dann in zwei Hälften. Von der einen Hälfte schneidet ihr zwei dünne Scheiben ab – diese werden die Flügel.

2 Die andere Birnenhälfte mit einem Sparschäler schälen.

3 Legt die zwei Birnenscheiben gegenüberliegend als Flügel auf einen Teller. Darauf setzt ihr die geschälte Birnenhälfte. Nun wascht ihr die Blaubeeren, spießt sie auf die Zahnstocher und steckt sie als Fühler in den vorderen Bereich der Birne. Die Zuckeraugen mit Lebensmittelkleber oder Honig aufkleben und die Schokosplitter vorsichtig so aufstreuen, dass sie wie Streifen aussehen (im Notfall könnt ihr sie später noch mit einem Wattestäbchen an die richtige Stelle schieben). Auch der vordere Kopfbereich wird mit Schokosplittern bedeckt.

Wusstet ihr, dass Bienen bevorzugt gelbe und blaue Blumen anfliegen, da sie die Farbe Rot nicht erkennen können? Sie nehmen Farben ganz anders wahr, als wir es tun. Dafür können sie aber das für uns unsichtbare UV-Licht wahrnehmen. So erkennen sie auf Blumen, die für uns einfarbig sind, aufwendige Muster, die ihnen den Weg zum Nektar zeigen.

Brombeer-Schaf

Es ist Feiertag, darum hat sich Bauer Bente für die zwei Schafe Schantal und Scharah etwas ganz Besonderes ausgedacht: Anstatt auf der Deichwiese dürfen sie sich heute auf einem knackigen Salatblatt tummeln!

WAS IHR BRAUCHT

Für 2 Schafe: 2 Blaubeeren · 2 Brombeeren · Erdnussbutter · 4 Zuckeraugen

1 Wascht die Blaubeeren und die Brombeeren vorsichtig (s. Tipp von Ella Zitronella). Schneidet die Blaubeeren jeweils in zwei Hälften und klebt sie mit Erdnussbutter als Ohren seitlich auf die Brombeeren.

2 Klebt ebenfalls mit Erdnussbutter die Zuckeraugen auf.

3 Wenn ihr die Schafe wie wir auf Brot vernaschen wollt, bestreicht eine Brotscheibe mit Butter und legt ein gewaschenes Salatblatt darauf. Die Schafe draufsetzen.

Oft sind Obst, Gemüse und Salate mit Pflanzenschutzmitteln behandelt. Gerade Beerenfrüchte sind hiervon betroffen, da sie sehr empfindlich sind. Ein Natronbad kann helfen, die Nahrungsmittel von ungesunden Schadstoffen zu befreien. Hierzu löst ihr einfach 1 TL Natron in 1 l Wasser auf und gebt diese Lauge in eine Salatschleuder. Dann badet ihr euer Obst, Gemüse oder den Salat für 15 Min. darin. Danach einfach mit dem Siebeinsatz aus der Lauge nehmen und unter fließendem Wasser abspülen.

Wusstet ihr, dass Brombeeren mehr Beta-Carotin enthalten als jedes andere Beerenobst? Dieser Inhaltsstoff ist für unseren Körper sehr wichtig, da er ihn in Vitamin A umwandelt, welches von Haut, Schleimhäuten und Augen benötigt wird. Zudem decken 100 g dieser Sammelsteinfrucht bereits ein Drittel deines täglichen Vitamin-C-Bedarfs.

Bananen-Monster

Die beiden Bananen-Monster Barbara und Barbarella sind bei Affenhitze sofort zur Stelle!

WAS IHR BRAUCHT:

Für 2 Monster: 1 Banane · weiße Kuvertüre · 2 lange Holzspieße · buntes Zuckerkonfetti · 2 Keks-Sticks mit Schokolade · 4 weiße Mini-Marshmallows · schwarzer Lebensmittelstift · Erdnussbutter

1 Schält die Banane und teilt sie in zwei Hälften.

2 Nun schmelzt ihr die Kuvertüre im Wasserbad: Setzt eine hitzebeständige Schale auf einen Topf mit kochendem Wasser. Wichtig: Nur so lange erhitzen, bis die Kuvertüre anfängt, unten zu schmelzen. Danach den Herd ausschalten und die Kuvertüre unter Rühren vollständig schmelzen.

3 Anschließend werden die Bananenhälften auf lange Holzspieße in passender Größe gesteckt, auf ein Backpapier gelegt und mit Hilfe eines Backpinsels mit der Kuvertüre bestrichen.

4 Bevor die Kuvertüre aushärtet, müssen die Bananenhälften mit dem bunten Zuckerkonfetti verziert werden. Für die Stielaugen brecht ihr von den Keks-Sticks jeweils das Stück ohne Schokolade ab, halbiert dieses noch einmal und steckt jeweils zwei Hälften als Fühler in die Bananen. Für die Augen drückt ihr die 4 weißen Mini-Marshmallows zwischen zwei Fingern platt und malt mit dem Lebensmittelstift Pupillen auf (s. S. 27). Die Augen mit Erdnussbutter an den Enden der Keksstücke ankleben. Danach die Monster mindestens 2 Std. in das Gefrierfach legen.

Griessbrei-Löwe

Roar! Dieser Grießbrei mit Pfirsich weckt garantiert den Löwen in dir!

Ihr könnt auch Pfirsiche aus der Dose verwenden, diese sind schon geschält und halbiert.

WAS IHR BRAUCHT:

Für 4–6 Portionen: 1 Ei (Gr. M) · 1 l Milch · Vanillezucker · 1 gehäufter EL Zucker (optional) · 1 Prise Salz · 125 g Weichweizengrieß · 2–3 Pfirsiche · 1 Banane · 1 kleine Ausstechform, oval (optional) · 12–18 Vollmilchschokodrops · 24–36 längliche Schokostreusel · 8–12 Zuckeraugen · 4–6 rote Zuckerkonfetti (optional)

1 Für den Grießbrei trennt ihr das Ei und schlagt das Eiweiß zu festem Eischnee. Das Eigelb rührt ihr mit 2 EL Milch glatt. Milch mit Vanillezucker (und eventuell normalem Zucker) zum Kochen bringen und dann Salz hinzufügen. Streut unter Rühren den Grieß ein und lasst die Mischung erneut kurz aufkochen. Anschließend rührt ihr das Eigelb unter die heiße Masse und hebt vorsichtig den Eischnee unter.

2 Die Pfirsiche waschen und dann häuten, indem ihr sie auf der dem Stielansatz gegenüberliegenden Seite kreuzförmig einschneidet, kurz mit einer Schaumkelle unter heißes Wasser haltet und in einer Schüssel mit kaltem Wasser abschreckt: Nun lässt sich die Haut leicht entfernen.

3 Halbiert die Pfirsiche und entfernt die Kerne. Eine Pfirsichhälfte wird die Gesichtsfläche, aus der anderen Hälfte wird die Löwenmähne; dafür eine dicke große Scheibe abschneiden und den Rand zackenförmig einschneiden. Die Banane schälen und pro Löwe 3 Scheiben abschneiden. Stecht mit der Ausstechform daraus die Ohren aus (ihr könnt die Ohren aber auch mit einem Messer herausschneiden). Die 2 übrigen Bananenscheiben bilden die Schnauze des Löwen.

4 Zum Servieren verteilt ihr den Grießbrei auf Dessertschälchen. Je eine Löwenmähne und einen halben Pfirsich in der Mitte platzieren. Obendrauf arrangiert ihr die Bananenohren, die Details für das Gesicht aus den Schokodrops und den länglichen Schokostreuseln sowie die Zuckeraugen. Als Zunge könnt ihr ein rotes Zuckerkonfetti verwenden.

Pfannkuchen-Bärchen

Wer will denn noch auf Papier malen, wenn man auch eine Pfanne als Leinwand nehmen kann?

WAS IHR BRAUCHT:

Für 4 Portionen: 3 Eier (Gr. L) · 1/2 l Milch · 1/2 TL Salz · 250 g Mehl · 2 EL Mineralwasser mit Kohlensäure · Backkakao · Spritzbeutel oder Gefrierbeutel · Rapsöl oder Kokosfett

1 Verrührt Eier mit Milch und Salz in einer großen Schüssel und gebt nach und nach Mehl dazu, bis ein glatter, flüssiger Teig entsteht. Zum Schluss das Mineralwasser hinzugeben.

2 Von dem Teig nehmt ihr 2 große Schöpfkellen ab und gebt es in eine kleinere Schüssel. Rührt nun so viel Backkakao unter, bis der Teig dunkelbraun gefärbt ist.

3 Mit einem Löffel füllt ihr den dunklen Teig in den Spritzbeutel. Wer keinen Spritzbeutel hat, kann sich mit einem Gefrierbeutel behelfen: Von diesem eine Ecke so abschneiden, dass ein sehr kleines Loch (ca. 2 mm Durchmesser) entsteht. Und jetzt wird es spannend: Etwas Rapsöl oder Kokosfett in eine Pfanne geben, diese bei geringer Hitze erwärmen und mit dem dunklen Teig die Umrisse, die Augen und die Nase eines Bärchens in die Pfanne spritzen.

4 Sobald der dunkle Teig beginnt, fest zu werden, füllt ihr mit einer Schöpfkelle vorsichtig den hellen Teig in den Umriss. Wenn der Pfannkuchen auf einer Seite fertig ist, wendet ihr ihn mit einem Pfannenwender. Die fertigen Pfannkuchen-Bärchen auf einem Teller stapeln.

Die Pfannkuchen lassen sich im Backofen bei niedrigster Temperatur prima warmhalten. Umweltschonender und fast genauso effektiv: Lege den Deckel der Pfanne auf den Pfannkuchenstapel. So werden die Bärchen auch noch eine ganze Weile gut warmgehalten und trocknen nicht aus.

Herzhaftes für Zwischendurch

Paprika-Marienkäfer

Was für eine Überraschung auf dem Frühstückstisch: Heute haben sich ein paar Marienkäfer auf unser Frischkäse-Brot verirrt!

WAS IHR BRAUCHT:

Für 1 Brotscheibe und 8 Marienkäfer: 1 rote Paprika · kleine Ausstechform, rund (optional) · 4 schwarze Oliven · Schnittlauch · 1 Brotscheibe · Frischkäse · kleine Blätter Basilikum (optional) · Balsamico-Creme (optional)

1 Wascht die Paprika und schneidet sie großzügig so, dass ihr mehrere, möglichst flache Stücke daraus erhaltet. Mit der Ausstechform könnt ihr die Flügel ausstechen, die im Anschluss halbiert werden. Alternativ die Flügel komplett mit einem Messer ausschneiden.

2 Für die Köpfe der Marienkäfer teilt ihr 2 Oliven einmal quer und einmal längs durch. Die Punkte erhaltet ihr, indem ihr 2 weitere Oliven in ganz kleine, viereckige Stücke schneidet. Für die Fühler etwas Schnittlauch waschen und kleinschneiden.

3 Nun bestreicht ihr die Brotscheibe großzügig mit Frischkäse und setzt für 5 Marienkäfer die Paprika-Flügel und die Oliven-Köpfe darauf. Auf den Flügeln verteilt ihr die Oliven-Punkte. Jeweils 2 kurze Schnittlauchstängel werden als Fühler vorne vor die Köpfe gesetzt. Zum Schluss könnt ihr die Bereiche zwischen den Marienkäfern noch mit Basilikum und Balsamico-Creme verzieren. Aus den übrigen Zutaten könnt ihr noch 3 Marienkäfer rund um das Brot herum auf dem Teller (oder auf einem Extrateller) fliegen lassen.

Wusstet ihr, dass ein Marienkäfer etwa 12 Monate lebt und die Anzahl der Punkte nicht sein Alter verrät? Die Zahl der Punkte zeigt lediglich die Art des Käfers an und ändert sich während seines Lebens nicht.

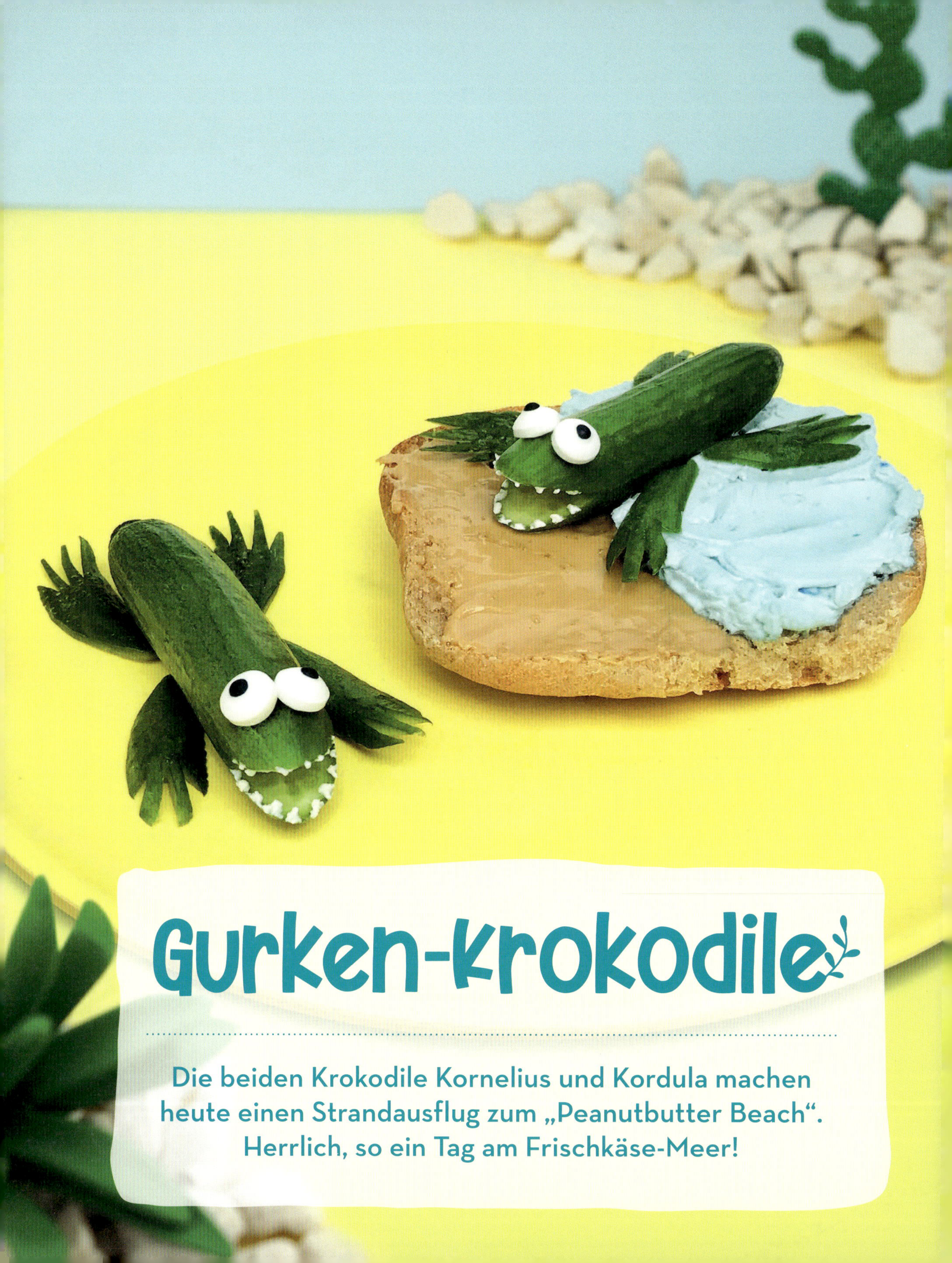

Gurken-Krokodile

Die beiden Krokodile Kornelius und Kordula machen heute einen Strandausflug zum „Peanutbutter Beach“. Herrlich, so ein Tag am Frischkäse-Meer!

WAS IHR BRAUCHT:

4 Snack-Gurken · Frischkäse · blaue Lebensmittelfarbe · 1 Brotscheibe · Erdnussbutter · Zahnstocher · 4 Zuckeraugen

1 Wascht die Snack-Gurken und schneidet aus 2 davon jeweils ein Maul aus. Aus den 2 weiteren Snack-Gurken schneidet ihr 8 längliche Ovale für die Beine heraus. Anschließend die Zehen mit dem Messer herausarbeiten.

2 Für das Frischkäse-Meer gebt ihr ein wenig Frischkäse in eine kleine Schüssel und rührt so viel blaue Lebensmittelfarbe ein, bis ein schöner Blauton entsteht.

3 Die eine Hälfte der Brotscheibe bestreicht ihr mit Erdnussbutter und die andere mit dem blauen Frischkäse.

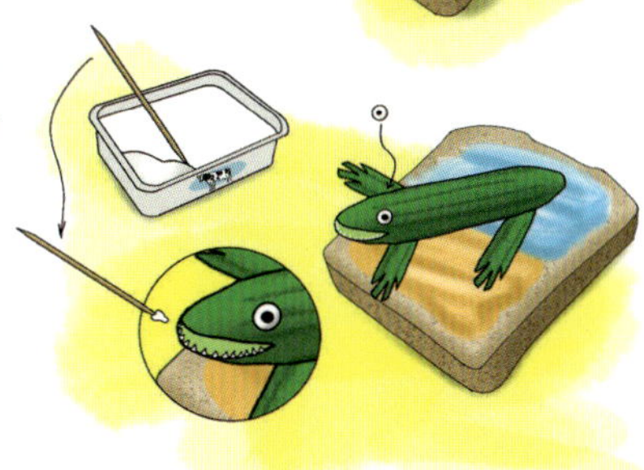

4 Nun taucht ihr die Spitze des Zahnstochers in ungefärbten Frischkäse und tupft einzelne Zähne in die Krokodilmäuler. Einen Krokodilkörper setzt ihr auf das Brot, der andere darf direkt auf dem Teller Platz nehmen. Nun noch die Beine um die Körper herum anordnen und die Zuckeraugen mit Erdnussbutter aufkleben.

Neben Erdnussbutter mit Zusätzen wie Palmöl und Zucker gibt es in ausgewählten Supermärkten auch Erdnussbutter, die ganz ohne Zusätze auskommt und so besonders gut für eure Gesundheit ist. Erdnussbutter liefert nicht nur gesunde Fettsäuren, sondern ist auch reich an Vitamin E: Dieses Vitamin wirkt als Bestandteil der Zellmembran und ist daher essenziell für den Zellaufbau unseres Körpers.

Spiegelei-Bärchen

Wie es sich für einen waschechten Bären gehört, hat Bjarne Bären-Hunger! Zum Glück ist das Spiegelei bald fertig, damit er richtig schlemmen kann.

WAS IHR BRAUCHT:

1 große gelbe Paprika · 2 schwarze Oliven · 1 Ei (Gr. M) · Pflanzenöl

1 Für den Umriss des Bärchens wascht ihr die Paprika, halbiert sie quer mittig und schneidet einen ca. 1 cm dicken Ring heraus. An dem Paprikaende ohne Stiel schneidet ihr zudem zwei Ausbuchtungen als Ohren ab.

2 Eine Olive quer dritteln. Die beiden Endstücke bilden später die Augen des Bären. Die zweite Olive für die Nase längs halbieren. Aus den Olivenresten schneidet ihr die Augenbrauen und den Mund zurecht.

3 Wenn ihr alles vorbereitet habt, erhitzt ihr bei geringer Hitze etwas Öl in einer Pfanne. Den Paprika-Ring hineinlegen, ganz vorsichtig das Ei aufschlagen und es ebenso vorsichtig in den Paprika-Ring „füllen". Bei geschlossenem Deckel und geringer Hitze lasst ihr das Ei langsam garen.

4 Sobald das Spiegelei fertig ist, könnt ihr das Bärchengesicht mit einem Pfannenwender aus der Pfanne holen und auf einen Teller legen. Nun noch aus den restlichen Zutaten das Bärchengesicht darauf legen.

Paprika-Regenbogen

Mal wieder trübes Wetter? Mit einem Regenbogen auf dem Brot geht garantiert die Sonne auf!

WAS IHR BRAUCHT:

Je 1 rote, gelbe und grüne Paprika · kleine Ausstechform, rund · Frischkäse · blaue Lebensmittelfarbe · 1 Vollkornbrotscheibe · Popcorn · Pinienkerne

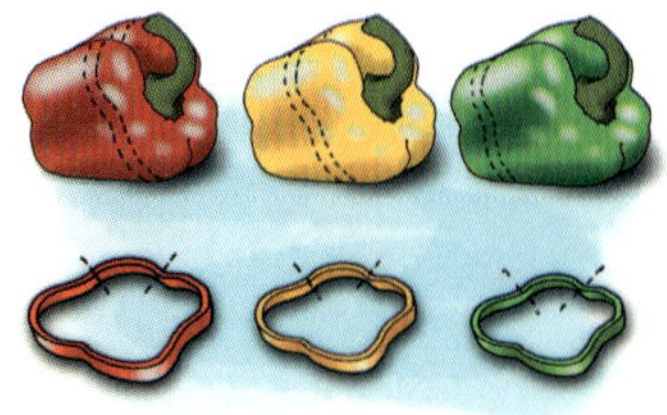

1 Für den Regenbogen die Paprika waschen und aus jeder Farbe einen Ring ausschneiden. Die Ringe aufschneiden, zu einem Regenbogen ineinanderlegen und am Ende kürzen, sodass eine gerade Kante entsteht.

2 Für die Sonne schneidet ihr aus der restlichen gelben Paprika ein möglichst flaches großes Stück heraus. Daraus mit der Ausstechform die kreisförmige Silhouette der Sonne ausstechen und kleine Rechtecke ausschneiden, die später die Sonnenstrahlen bilden.

3 Anschließend vermischt ihr ein wenig Frischkäse mit blauer Lebensmittelfarbe, bis er schön himmelblau ist.

4 Den blauen Frischkäse nun auf das Brot streichen und darauf den Paprika-Regenbogen platzieren. Auf die Enden des Regenbogens als Wolken jeweils 2 bis 3 Popcorn (selbstgemacht oder gekauft) setzen. Mit der Sonne, weiteren Popcorn-Wölkchen und Pinienkernen als Regentropfen vervollständigen.

Eine tolle Alternative zu künstlicher Lebensmittelfarbe sind sogenannte „färbende Lebensmittel“. Diese bestehen zu 100% aus Pflanzenextrakten, die aus Früchten, Gemüse und essbaren Pflanzen gewonnen werden und somit auch noch eine Extraportion Nährwert bieten. Für blaue Farbe wird beispielsweise Spirulina eingesetzt, welches besonders proteinreich ist und zahlreiche Nährstoffe wie Vitamin B1, B2 und B3 sowie Eisen und Kupfer liefert.

Gurken-Schnecken

Schnecke Schorsch ist froh: Endlich hat er den perfekten Jogging-Partner gefunden! Die Route steht auch schon fest: Einmal zum Basilikum und zurück – das sollte ja für den Anfang reichen.

WAS IHR BRAUCHT:

Für 2 Schnecken: 1 Spitzpaprika · 5 große Blätter Basilikum · 200 g Frischkäse · Salz · Pfeffer · 2 Snack-Gurken · 1 Toastbrotscheibe · 4 Zucker-Stielaugen (s. S. 96)

1 Wascht die Spitzpaprika, entfernt den Stiel und würfelt sie ganz fein. Zupft die Basilikumblätter ab, wascht sie und hackt sie. Vermischt beides mit dem Frischkäse (für ein feineres Ergebnis könnt ihr auch alles zusammen pürieren). Danach schmeckt ihr die Frischkäse-Creme mit Salz und Pfeffer ab.

2 Nun walzt ihr den Toast mit einem Nudelholz, bis er schön dünn ist.

3 Bestreicht den Toast mit der Frischkäsecreme, entfernt die Ränder und schneidet ihn in dünne Streifen.

4 Immer 2 Toaststreifen zusammen zu einem Schneckenhaus aufrollen und dieses mit einem Zahnstocher auf einer Snack-Gurke befestigen. Abschließend steckt ihr jeweils 2 Zucker-Stielaugen in den vorderen Teil der Schnecken.

Wusstet ihr, dass Schnecken ihre Zähne auf der Zunge haben? Bis zu 40.000 Zähne reihen sich hier nebeneinander. Nur so können die Weichtiere mehr als das Zehnfache ihres Körpergewichts vertilgen. Auf ihrem Schleimfilm legen sie durchschnittlich 3 m pro Stunde zurück.

Alternativ könnt ihr die Augen aus Mini-Marshmallows, Zahnstochern und Erdnussbutter selbst herstellen (s. S. 59).

Tomaten-Frischkäse-Tiere

Wie schön, dass sich Hund Bello und Katze Katinka so gut vertragen. Manchmal sind sie sogar ein Herz und eine Seele und nehmen gemeinsam auf einem Teller Platz!

WAS IHR BRAUCHT:

Frischkäse · Balsamico-Creme · 2 Brotscheiben · 3 Roma-Tomaten · 5–6 schwarze Oliven

1 Vermischt eine kleine Menge Frischkäse mit einem Schuss Balsamico-Creme. Es ist wichtig, dass ihr tatsächlich die Creme verwendet und keinen Essig, damit die Konsistenz nicht zu wässrig wird. Die Creme gibt dem Frischkäse zudem eine angenehme Süße.

2 Die Brotscheibe für Katze Katinka schneidet ihr am besten vor dem Bestreichen in Form: So seht ihr besser, wo die braunen Flecken hinsollen. Dann die Brote mit der weißen und braunen Frischkäse-Creme bestreichen.

3 Nun drittelt ihr jeweils 2 Oliven. Die Endstücke bilden die 4 Augen. Die Hundeschnauze besteht aus einer halben Olive, längs geschnitten. Aus den Olivenresten und einer weiteren Olive könnt ihr die Augenbrauen, die Schnurrhaare und das Maul der Katze ausschneiden. Die Zungen und das Innere der Katzenohren schneidet ihr aus Roma-Tomaten, nachdem ihr diese gewaschen habt. Die Herzen sind ganz leicht zu machen: Einfach 2 Roma-Tomaten einmal längs und einmal schräg durch die Mitte teilen und so wieder zusammenfügen, dass eine Herzform entsteht.

4 Abschließend die Oliven- und Tomatenstückchen auf den Broten verteilen, sodass ein Hunde- und ein Katzengesicht entsteht.

Paprika-Vögel

Dass heute kein Fasching ist, ist den drei Pinguinen Pim, Pip und Pit piepegal. Sie hatten trotzdem Lust, sich als putzige Papageien zu verkleiden. Warum auch nicht, einen Vogel haben wir doch alle mal, oder?

WAS IHR BRAUCHT:

Für 3 Vögel: 3 Spitzpaprika · 1 Möhre · 1 Gurke · 6 Zuckeraugen · Erdnussbutter

1 Wascht die Spitzpaprika und trennt jeweils zunächst den Stiel ab. Dabei schneidet ihr am besten auch gleich eine Stufe mit aus. Der ausgeschnittene Bereich bietet später Platz für die Watschelfüße. Die Spitze der Paprika schneidet ihr vorsichtig ein: Hier wird im letzten Schritt das Kopfgefieder der Vögel hineingeschoben.

2 Wascht und schält die Möhre und schneidet für jeden Vogel 2 Scheiben ab. Aus diesen schneidet ihr die Füße zu. Aus der restlichen Möhre werden die Schnäbel geschnitten.

3 Die Gurke waschen und für jeden Vogel 2 Flügel und 3 schmale Streifen für das Kopfgefieder ausschneiden.

4 Zum Schluss schiebt ihr das Kopfgefieder in den Schlitz in der Paprika hinein und klebt die Flügel und die Zuckeraugen mit Erdnussbutter fest. Den fertigen Körper auf die Möhren-Füße setzen.

Mozzarella-Blumen

Summm, summm, summm, Bienchen, flieg herum! Das lassen sich die beiden Bienen beim Anblick dieses leckeren Brotes nicht zweimal sagen und steuern direkt auf die Mozzarella-Blumen zu.

WAS IHR BRAUCHT:

Frischkäse · blaue Lebensmittelfarbe · 1 Brotscheibe · 1 Käsescheibe, z. B. Gouda · kleine Ausstechformen, oval und Herz (optional) · Balsamico-Creme · 15 Mini-Mozzarella-Kugeln · Schnittlauch · Aprikosenmarmelade

1 Zunächst vermischt ihr etwas Frischkäse mit wenig blauer Lebensmittelfarbe, bis er eine schöne himmelblaue Farbe annimmt.

2 Den blauen Frischkäse auf das Brot streichen.

3 Für die Bienen stecht ihr aus der Käsescheibe 2 Ovale und 2 Herzen aus. Alternativ könnt ihr diese Formen mit einem Messer ausschneiden. Dann ritzt ihr mit einem Zahnstocher vorsichtig die Bienenstreifen und Augen in die Formen ein und tupft ebenfalls mit dem Zahnstocher etwas Balsamico-Creme in die eingeritzten Details. Eventuelle Patzer könnt ihr mit einem Küchentuch oder Wattestäbchen wegwischen.

4 Etwas Schnittlauch abschneiden, waschen und für die Wiese zurechtschneiden. Die Mini-Mozzarella-Kugeln halbieren und die Hälften zusammen mit dem Schnittlauch so auf dem Brot anordnen, dass eine Blumenwiese entsteht. Die Mitte der Blumen füllt ihr mit etwas Aprikosenmarmelade auf. Zum Schluss noch die Gouda-Bienen aufsetzen.

Tomaten-Krebse

Die Krebse Karla und Kasimir sind schon ganz rot – das Sonnenbad war wohl etwas zu lang. Da hilft nur noch ein Sprung ins Joghurt-Meer!

WAS IHR BRAUCHT:

Für 2 Krebse: 100 g Couscous · Salz · Olivenöl (optional) · 100 g Naturjoghurt · blaue Lebensmittelfarbe · 4 Spitzpaprika · 2 Tomaten · 4 weiße Mini-Marshmallows · schwarzer Lebensmittelstift · 2 Zahnstocher

1 Gebt den Couscous in eine Schüssel und bringt 100 ml Wasser zum Kochen. Den Couscous mit dem kochenden Wasser übergießen und 5 Min. ziehen lassen. Ist das Wasser vollständig vom Couscous aufgenommen worden, lockert ihr ihn mit einer Gabel etwas auf und salzt ihn. Optional könnt ihr ihn auch mit etwas Olivenöl verfeinern.

2 Für das Meer vermischt ihr den Joghurt mit etwas blauer Lebensmittelfarbe, bis ein schönes Meerblau erreicht ist.

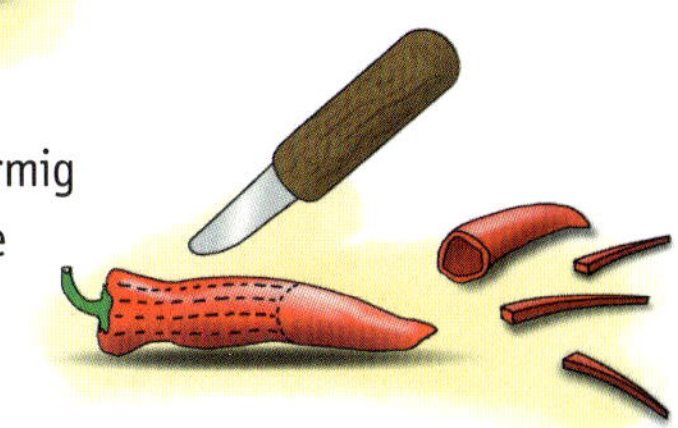

3 Nun wascht und halbiert ihr die Spitzpaprika. Am besten schneidet ihr sie bogenförmig in der Hälfte quer durch. Aus zwei der oberen Hälften schneidet ihr jeweils 6 dünne Streifen, die später die Beine der Krebse bilden.

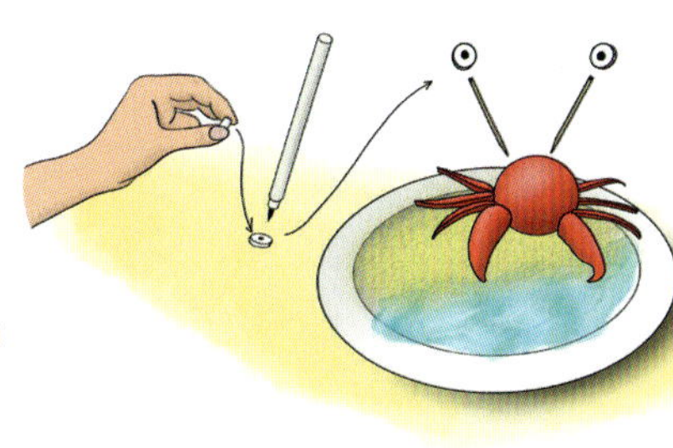

4 Die Tomaten waschen. Mit einem Löffel den Couscous und den blauen Joghurt auf einem Teller drapieren und darauf die Tomaten setzen. Die Paprikastreifen für die Beine und die unteren Paprikahälften als Krebsscheren um die Tomaten herum anordnen. Für die Stielaugen jeweils ein Mini-Marshmallow zwischen den Fingern plattdrücken und mit dem Lebensmittelstift Pupillen aufmalen. Zwei Zahnstocher halbieren und die Augen auf je einem halben Zahnstocher mit Erdnussbutter befestigen. Zum Schluss in die Tomaten stecken.

Alternativ könnt ihr Stielaugen ganz einfach aus Puderzucker und Eiweiß herstellen – schaut mal auf S. 96!

Brokkoli-Pancake-Monster

Dieses Zyklopenmonster staunt nicht schlecht, hat es doch gerade eben jemanden gesehen, der ihm verblüffend ähnlich sieht. Erkennt ihr seinen berühmten Doppelgänger aus der „Monster-AG"?

WAS IHR BRAUCHT:

Für 5 Pancakes: 1 Brokkoli (ca. 300 g) · 2 Eier (Gr. L) · 60 g Mehl · 1 TL Salz · Milch (optional) · Pflanzenöl · 2 kleine Birnen · Balsamico-Creme

1 Wascht den Brokkoli und teilt ihn in zwei etwa gleich große Hälften. Die eine Hälfte gar kochen.

2 Von der anderen Hälfte trennt ihr die Röschen ab und püriert sie zusammen mit den Eiern. Anschließend gebt ihr das Mehl und das Salz hinzu und mischt alles noch einmal kräftig durch. Ist die Konsistenz des Teigs zu fest, könnt ihr ein wenig Milch hinzufügen.

3 Nun erhitzt ihr etwas Öl in einer Pfanne und gebt mit einer Schöpfkelle den Teig hinein. Damit die Oberseite schön grün bleibt, solltet ihr die Pancakes nicht wenden, sondern bei geringer Hitze mit geschlossenem Deckel fertig garen. Hebt die Pancakes dabei aber ab und zu mit dem Pfannenwender an und schaut nach, dass die Unterseite nicht zu dunkel wird.

4 In der Zwischenzeit könnt ihr die Birnen waschen und in Scheiben schneiden. Pro Monster wird eine Scheibe für das Auge benötigt und eine weitere, aus der ihr Zähne und die kleinen Monster-Hörner ausschneidet.

5 Ist der erste Pancake fertig, nehmt ihr ihn aus der Pfanne und legt ihn auf einen Teller. Hier schneidet ihr jetzt den Mund aus. In den ausgeschnittenen Bereich füllt ihr etwas Balsamico-Creme, darauf drapiert ihr die Birnen-Monsterzähne. Oberhalb des Mundes ein Auge platzieren. Von dem gekochten Brokkoli 20 kleine Röschen mit Stiel abschneiden: Ihr braucht pro Monster 4 gekochte Röschen für Arme und Beine. Den Rest des gekochten Brokkoli zerstampfen und ein wenig davon jeweils in der Mitte der Augen als Iris drapieren. Ein Tropfen Balsamico-Creme bildet die Pupille.

Besondere Anlässe

Frischkäse-Tonut

Wie bitte? „Tonut"? Ihr habt richtig gelesen! Der Tonut ist meine gesündere Antwort auf den Donut: aus Toast und ratzfatz gemacht!

WAS IHR BRAUCHT:

1 Toastbrotscheibe · kleine Ausstechform, rund (optional) · Frischkäse · buntes Zuckerkonfetti

1 Mit einem Glas in passender Größe stecht ihr zunächst den Außendurchmesser des Tonuts aus dem Toast aus.

2 Nun wird das Loch in der Mitte ausgestochen. Ich nehme hierfür leere Ü-Ei-Verpackungen, ihr könnt aber auch eine kreisrunde Ausstechform nehmen.

3 Zum Schluss bestreicht ihr den Toastkringel mit Frischkäse und streut buntes Zuckerkonfetti darauf.

Richtig gesund und optisch genauso cool wird es, wenn ihr anstatt des Zuckerkonfettis geraspeltes Gemüse (z. B. Möhren) und etwas kleingehackten Schnittlauch auf den Tonut streut!

Hefe-Hasen

Die zwei Hasenkinder Hasi und Hanni Hase freuen sich: Heute dürfen sie zum ersten Mal Ostereier verstecken – und sich somit offiziell Osterhase nennen!

WAS IHR BRAUCHT:

Für 4 Hasen: 500 g Weizenmehl · 1 Pck. Trockenhefe · 80 g Zucker · 1 Pck. Vanillezucker · Salz · 250 ml Milch · 7 EL Pflanzenöl · 1 Eigelb · Haselnüsse · 4 Zuckeraugen · Schokoladen-Zuckerschrift

1 Vermischt das Mehl mit der Trockenhefe, fügt die restlichen Zutaten bis auf das Eigelb und die Dekorationen hinzu und verknetet alles in 5–8 Min. zu einem glatten Teig.

2 Nun deckt ihr den Teig mit einem Tuch ab und lasst ihn an einem warmen Ort ca. 1 Std. gehen, bis er sich verdoppelt hat. Danach aus der Schüssel nehmen und auf einer leicht bemehlten Arbeitsfläche noch einmal kurz durchkneten.

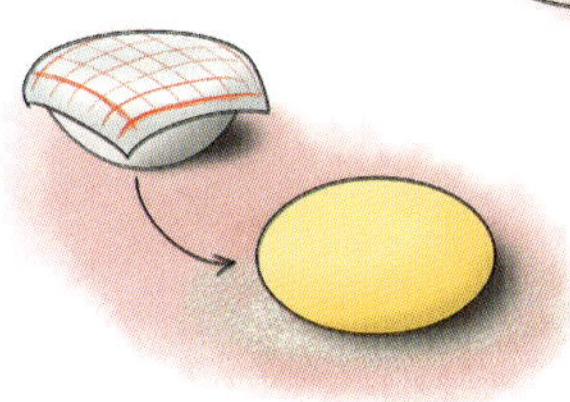

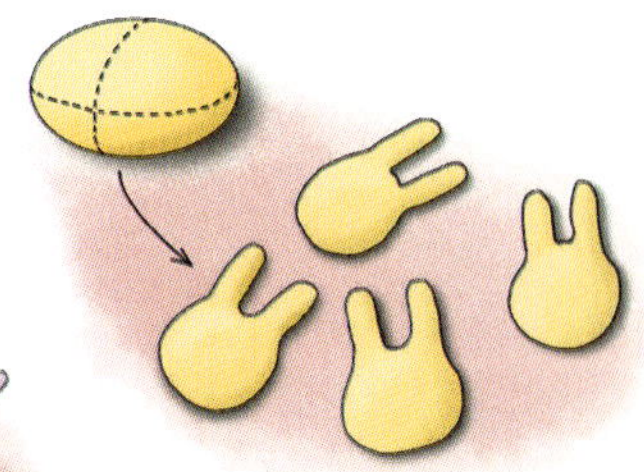

3 Heizt den Backofen auf 180 °C (Ober-/Unterhitze) vor. Teilt dann den Teig in 4 gleichgroße Portionen und formt daraus Hasen.

4 Anschließend verquirlt ihr das Eigelb mit 1 EL Wasser und bestreicht die Hasen damit.

5 Die Hasen im vorgeheizten Ofen ca. 20 Min. backen, herausnehmen und abkühlen lassen. Zum Schluss dürft ihr sie mit den Haselnüssen, Zuckeraugen und Schokoladen-Zuckerschrift verzieren.

Birnen-Huhn

Huhn Helga hat alle Flügel voll zu tun:
Morgen ist Ostern und Hase Hoppel hat eine
extra große Bestellung aufgegeben!

WAS IHR BRAUCHT:

1 große Möhre · 1 Erdbeere · 1 Birne · Erdnussbutter · 2 Zuckeraugen

1 Die Möhre waschen und vier große Scheiben davon abschneiden, aus denen die Hühnerkrallen, der Schnabel und der Hühnerkamm herausgeschnitten werden.

2 Nun wascht ihr die Erdbeere, entfernt den Strunk und teilt sie wie abgebildet. Die kleinen Stücke bilden später den Kehllappen des Huhns.

3 Wascht die Birne, stellt sie aufrecht auf einen Teller und legt die beiden Möhrenfüße davor. Dann klebt ihr mit Erdnussbutter die Erdbeerstücke für den Kehllappen, den Möhrenschnabel, den Möhrenkamm und die Zuckeraugen auf.

Wusstet ihr, dass zu Ostern das Küken, das frisch aus dem Ei schlüpft, an die Auferstehung Jesu Christi erinnern soll? Im Mittelalter wurden die Ostereier zudem rot eingefärbt, um sie von frischen, ungekochten Eiern unterscheiden zu können und um an das vergossene Blut Jesu zu erinnern. Erst später wurden Ostereier auch in anderen Farben bemalt.

Avocado-Toast-Monster

Zu Halloween hat Frankie seine beste Freundin Rosa Pampelmusa eingeladen. Zu zweit erschreckt es sich einfach am besten!

Alternativ zur Lebensmittelfarbe könnt ihr einen Schuss Rote-Bete-Saft in den Frischkäse mischen, um ihn einzufärben. Der Saft gibt dem Frischkäse auch noch eine leckere Süße.

WAS IHR BRAUCHT:

Frischkäse · pinke Lebensmittelfarbe · 1 Avocado · 2 Toastbrotscheiben · 1 Norialgen-Blatt · 1 Ziegenkäsescheibe · je 1 kleine und große Ausstechform, rund · 1 Glas- oder Edelstahlstrohhalm · 1 Snack-Gurke

1 Gebt etwas Frischkäse in eine kleine Schüssel und vermischt ihn mit der pinken Lebensmittelfarbe, bis er ein schönes Rosa angenommen hat.

2 Halbiert die Avocado und entfernt den Kern. Nehmt dann das Avocado-Fruchtfleisch aus der Schale und zermatscht es zu einer streichfähigen Masse. Bestreicht die eine Toastscheibe mit dem rosa Frischkäse, die andere mit der Avocado-Masse.

3 Aus dem Norialgen-Blatt schneidet ihr die Einzelteile für die Münder, Frankies Haare und die Pupillen aus.

4 Aus dem Ziegenkäse stecht ihr mit Ausstechformen 4 unterschiedlich große Kreise für die Augen aus und mit dem Glas- oder Edelstahlstrohhalm 4 kleine Kreise für die Akzente in den Pupillen. 4 Zähne und Frankies beide T-Schädelknochen mit einem Messer herausschneiden.

5 Zum Schluss wascht ihr die Snack-Gurke und schneidet vier Scheiben davon ab. Die Gurkenscheiben legt ihr als Iris auf die großen Kreise Ziegenkäse, die die Augen bilden, und arrangiert alle anderen Einzelteile passend auf den und rund um die Toastscheiben.

Wusstet ihr, dass Halloween ursprünglich aus Irland kommt? Schon vor 2000 Jahren feierten dort die Kelten das Ende der Erntezeit. Sie glaubten, dass Geister am 31. Oktober mit Lebenden Kontakt aufnehmen. Um sie gut zu stimmen, stellten die Menschen Essen vor ihre Haustüren. 1991 kam das Fest dann nach Deutschland.

Joghurt-Eis-Augen

Ich habe ein Auge auf dich geworfen – ähm, oder auch zwei oder drei …?!

WAS IHR BRAUCHT:

200 g Naturjoghurt · 1 EL Honig · 16 Blaubeeren · 16 Ü-Ei-Hälften oder 1 Pralinenform mit Halbdomen

1 Gebt den Naturjoghurt in eine Schüssel und vermischt ihn mit dem Honig.

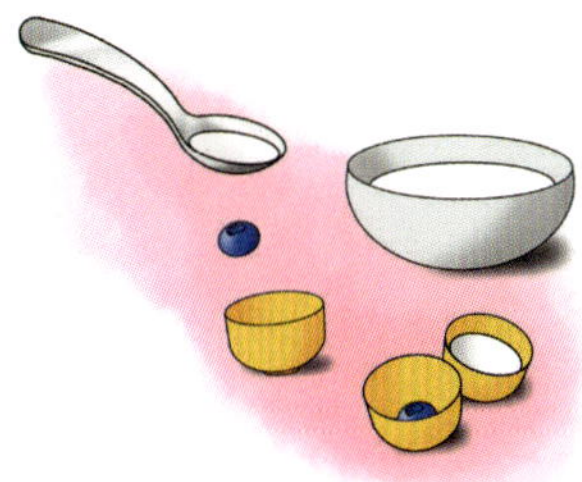

2 Anschließend setzt ihr alle Ü-Ei-Hälften mit der offenen Seite nach oben auf einen Teller und legt jeweils 1 Blaubeere hinein. Auf den Beeren den Joghurt verteilen. Alternativ könnt ihr eine Pralinenform mit Halbdomen befüllen.

3 Die gefüllten Formen stellt ihr für 3–4 Std. in das Gefrierfach.

Wusstet ihr, dass Joghurt gute Bakterien in Form von Probiotika enthält? Diese regen unsere Verdauung an und stärken unser Immunsystem. Das wiederum hilft uns, weniger krank zu werden. Treibt ihr viel Sport? Dann solltet ihr ebenfalls öfter einen Joghurt löffeln, denn das Magnesium und das Kalium darin kommen den Muskeln und Nerven zugute.

Mozzarella-Schneemänner

Juchhei, es schneit! Und die drei Schneemänner Olaf, Olli und Holli sind bereit für die Schneeballschlacht ihres Lebens.

WAS IHR BRAUCHT:

Für 3 Schneemänner: 2 schwarze Oliven · 1 kleine Möhre · 1 Gurke · 9 Mini-Mozzarella-Kugeln · 6 Zahnstocher · Schwarzkümmel

1 Halbiert die Oliven und wascht die Möhre und die Gurke. Erst dünne Scheiben von der Möhre abschneiden, daraus 3 kleine Nasen zurechtschneiden. Von der Gurke 3 Scheiben abschneiden, ca. 1 cm dick.

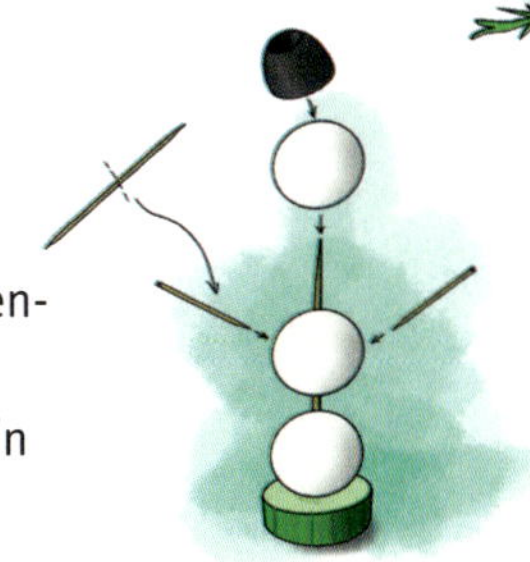

2 Nun steckt ihr pro Schneemann 3 Mini-Mozzarella-Kugeln auf einen Zahnstocher und steckt diesen Turm auf die Gurkenscheibe. Als Hut setzt ihr eine halbierte Olive auf. Für die Arme halbiert ihr einen Zahnstocher und steckt beide Hälften seitlich in die mittlere Mozzarella-Kugel.

3 Zum Schluss steckt ihr je eine Möhren-Nase in die oberste Kugel und drückt ein paar ganze Körner Schwarzkümmel als Augen und Knöpfe vorne in die Kugeln.

Wusstet ihr, dass der Schneemann früher grimmig geguckt hat? Er sollte die Härte des kalten Winters symbolisieren und wirkte eher furchteinflößend. Erst im 19. Jh. ändert er mit der Entdeckung der Kindheit sein Wesen und wird zum Spielkameraden der Kinder.

Gurken-Tannenbaum

Oh Tannenbaum, oh Tannenbaum, wie lecker sind deine Gurken. Du schmeckst nicht nur zur Sommerzeit, nein, auch im Winter, wenn es schneit. Oh Tannenbaum, oh Tannenbaum …

Wer es noch festlicher mag, kann anstelle der rosa Beeren auch roten Kaviar verwenden.

WAS IHR BRAUCHT:

1 Gurke · 1 Käsescheibe, z. B. Gouda · kleine Ausstechform, Stern · 1 Vollkornbrotscheibe · Frischkäse · rosa Beeren

1 Wascht die Gurke, schneidet sie in mehrere dünne Scheiben und halbiert jede Scheibe.

2 Nun stecht ihr mit der Ausstechform aus der Käsescheibe einen Stern aus.

3 Bestreicht die Brotscheibe mit Frischkäse.

4 Legt die halbierten Gurkenscheiben in zwei Schichten so auf das Brot, dass eine Tannenbaumform entsteht. Zum Schluss setzt ihr den Stern auf die Spitze des Baumes und verteilt rosa Beeren als Baumkugeln auf den Gurkenscheiben.

Wusstet ihr, dass früher vor allem Äpfel, Nüsse und andere Leckereien als Schmuck für den Weihnachtsbaum dienten? Die heute typischen roten Weihnachtskugeln sind also quasi die Nachfahren der roten Äpfel.

Bananen-Schweinchen

Schwein muss man haben. An Silvester am besten gleich mehrere! Vor allem, wenn sie so lecker sind wie diese fünf munteren Gesellen.

WAS IHR BRAUCHT:

Für 5 Schweinchen: 2 Vollkornbrotscheiben · kleine Ausstechform, rund · Frischkäse · pinke Lebensmittelfarbe · 1 Banane · Vollmilchschokodrops · längliche Schokostreusel · 6–10 Zuckeraugen

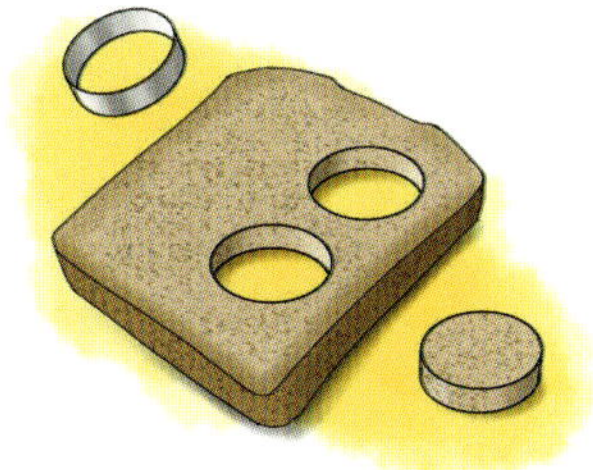

1 Aus den Brotscheiben mit der runden Ausstechform 5 Taler ausstechen.

2 Für die Schnauzen und Ohren die Banane schälen und in Scheiben schneiden. Die Scheiben für die Ohren vierteln.

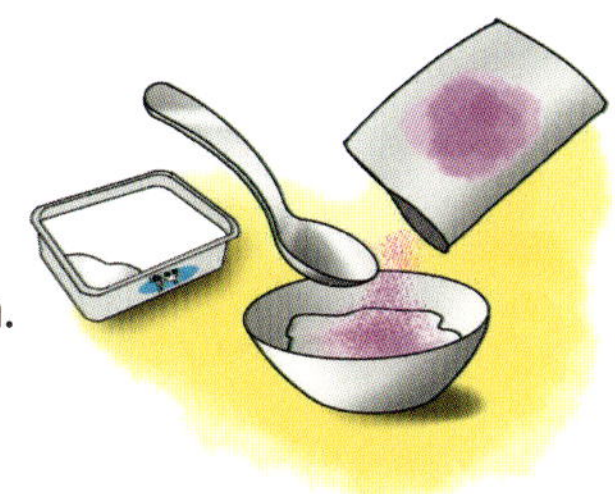

3 Den Frischkäse vermischt ihr nun mit pinker Lebensmittelfarbe, bis er ein schönes Schweine-Rosa hat. Alternativ könnt ihr einen Schuss Rote-Bete-Saft hineingeben.

4 Wenn ihr alles vorbereitet habt, bestreicht ihr die Brottaler mit dem rosa Frischkäse und legt alle Zutaten so auf, dass süße Schweinchengesichter entstehen: Die Schokodrops sind die Nasenlöcher, die länglichen Zuckerstreusel die Münder und geschlossenen Augen.

Wusstet ihr, dass Schweine bereits vor Hunderten von Jahren als Glücksbringer galten? Sie stellten damals eine wichtige Nahrungsquelle der ärmeren Bevölkerung dar, und wer ein Schwein im Haus hatte, konnte sich demnach sehr glücklich schätzen.

Anstelle der Ausstechform könnt ihr ein Schnapsglas zum Heraustrennen der Brottaler verwenden. Die Taler bleiben dann wahrscheinlich im Glas stecken – verwendet zum Herauslösen am besten ein Messer.

Gurken-Kleeblätter

Das neue Jahr kann nur gut werden – bei den vielen vierblättrigen Kleeblättern, die wir auf unseren Silvesterhäppchen gefunden haben!

WAS IHR BRAUCHT:

Für 5 Kleeblätter: 2 Vollkornbrotscheiben · kleine Ausstechform, rund · 2–3 Snack-Gurken · 1 Spitzpaprika · Schnittlauch · Frischkäse · 10 Zuckeraugen

1 Aus den Brotscheiben mit der runden Ausstechform 5 Taler ausstechen.

2 Die Snack-Gurken schneidet ihr in Scheiben. Diese wiederum werden wie abgebildet zu einzelnen halbrunden Kleeblättern zurechtgeschnitten.

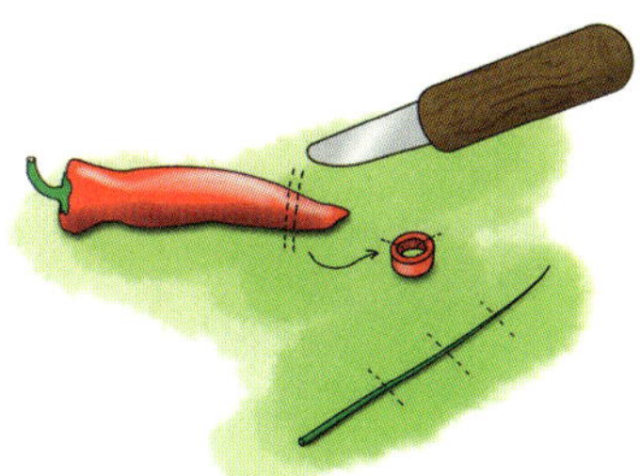

3 Die Spitzpaprika in dünne Ringe schneiden, diese als Münder der Kleeblätter halbieren. Den Schnittlauch zu etwa 2 cm langen Stielen schneiden.

4 Nun bestreicht ihr die Brottaler mit Frischkäse und legt jeweils vier Gurken-Kleeblätter auf. Mit Mündern, Stielen und Zuckeraugen garnieren.

Wusstet ihr, dass es auch Kleeblätter mit nur zwei oder sogar mit mehr als vier Blättern gibt? Kleeblätter mit mehr oder weniger als drei Blättern kommen selten vor, da es sich hierbei um Fehlbildungen, auch Mutationen genannt, handelt. Dennoch gilt nur das vierblättrige Kleeblatt aufgrund der kreuzförmigen Anordnung seiner Blätter als Glückssymbol: Kreuze dienten seit jeher als Schutz gegen böse Geister.

Entwicklung eigener Fun-Food-Ideen

Ideen entwickeln

Nachdem ihr vielleicht schon ein paar von den Rezepten aus diesem Buch ausprobiert habt, geht es jetzt richtig los: Lasst eurer Kreativität freien Lauf und entwickelt eure eigenen fantastischen Fun-Food-Kreaturen! Aber wie kommt man eigentlich auf neue Ideen? Das möchte ich euch im Folgenden zeigen, indem ich euch an die Hand nehme und Schritt für Schritt zeige, wie ihr eure Kreativität anregen und Freunde und Familie mit selbstentworfenen Fun-Food-Designs verzaubern könnt.

Die Form als Ausgangspunkt

Oft inspirieren mich Cartoons oder Fotos von Tieren und Figuren. Ich schaue mir die Grundkörper an und versuche, Vergleiche zu Obst und Gemüse zu ziehen. Manchmal überlege ich, wie das Obst aufgeschnitten aussieht. Benötige ich beispielsweise mehrere kreisförmige Objekte, so hilft es eventuell, eine sonst längliche Frucht in Scheiben zu schneiden.
Manchmal funktioniert es auch andersherum: Ich betrachte eine bestimmte Frucht und überlege, an was sie mich erinnert.
Im Prinzip ist die Reihenfolge egal. **Der Trick ist stets, Assoziationen zu entwickeln.**

Oft entstehen Ideen auch durch Experimentieren. Hierzu könnt Ihr euch einfach aus einem Grundstock an Zutaten bedienen und ausprobieren. Macht es einen Unterschied, ein Obst oder Gemüse längs oder quer aufzuschneiden? Was passiert, wenn man die Obst- und Gemüsestücke unterschiedlich anordnet? Manchmal regt es auch die Fantasie an, wenn man einfach mal irgendwo Zuckeraugen auflegt. Plötzlich sieht man im Obst und Gemüse dann ganz neue Wesen, die im nächsten Schritt noch detaillierter weiterentwickelt werden können.

An diesem Beispiel seht ihr, wie mich der Umriss eines Wals an eine Birne erinnert hat. Im nächsten Schritt habe ich dann überlegt, welche Schritte nötig sind, um eine Birne in einen Wal zu verwandeln. Müssen eventuell Teile der Birne herausgeschnitten und neu angeordnet werden? Benötige ich weitere Zutaten, z. B. Zuckeraugen oder ein weiteres Obst, welches eine rote Zunge darstellen könnte? Was könnte ich als Zähne nutzen?

Schaut Euch diese drei Birnen-Wesen an. Als Grundlage diente jeweils die gleiche Birne. Es wurden nur ein paar Details verändert, und schon wurde aus einem Monster mit Stielaugen ein Alien mit Fühlern und schließlich ein Hase – eine Birne, drei Looks!

Nun seid ihr dran! Vervollständigt die Umrisse einer Birne mit verschiedenen Augen, Mündern und anderen Körperteilen. Was seht ihr? Ist vielleicht ein Tier entstanden? Nun überlegt, wie ihr die Details, z. B. Flossen oder Ohren, aus anderem Obst und Gemüse herstellen könntet. Und noch ein Tipp: Versucht stets, entweder nur süße oder nur herzhafte Elemente zu verwenden. Eine Birnen-Maus mit Salami-Ohren kann zwar witzig aussehen, aber euren Gästen eventuell nicht schmecken …

Die Farbe als Ausgangspunkt

Farben spielen, vor allem bei abstrakten Formen, eine wichtige Rolle. Anhand der Paprika-Marienkäfer (s. S. 42) sieht man, dass Käfer aus grüner Paprika ganz anders wirken als die aus roter Paprika. Die roten Käfer werden viel schneller als Marienkäfer wahrgenommen. Der Rot-Grün-Kontrast wirkt zudem frischer und somit auch appetitlicher. Und ihr habt es sicher schon geahnt: Das Auge isst mit. Umso mehr lohnt es sich also, auf die richtige Wahl der Farbe zu achten. Letztendlich ist es natürlich Geschmacksache und künstlerische Freiheit, dennoch kann man durch die Farbe des Lebensmittels die Wirkung der Kreation stark beeinflussen.

Wusstet ihr, dass z. B. rote Lebensmittel im Allgemeinen eher als süß wahrgenommen werden, wohingegen grüne und gelbe Färbungen einen säuerlichen Geschmack vermitteln? Probiert es aus: Vermischt Naturjoghurt mit roter Lebensmittelfarbe. Schmeckt er süßer? Versucht es nun mit grüner Lebensmittelfarbe. Wie schmeckt dieser im Vergleich zum rot gefärbten Joghurt? Da wir normalerweise zunächst sehen, was wir essen, beeinflusst die Farbe schon unser Geschmacksempfinden, bevor wir überhaupt etwas schmecken.

Man geht davon aus, dass dies evolutionär bedingt ist, denn das Auge war für uns schon immer wichtig beim Essen, beispielsweise wenn es darum ging, eine reife Tomate von einer unreifen zu unterscheiden.

Damit es euch leichter fällt, passendes Obst und Gemüse auszuwählen, habe ich hier einige Lebensmittel nach ihren Farben angeordnet. Doch auch wenn ihr Früchte anhand der Farben auswählt, achtet dennoch darauf, dass die Lebensmittel auch geschmacklich zueinander passen. Fallen Euch noch weitere Lebensmittel ein, die ihr den verschiedenen Farben zuordnen könnt?

Je bunter ihr esst, desto mehr verschiedene Mineralstoffe und Vitamine stellt ihr eurem Körper zur Verfügung und umso mehr stärkt ihr damit euer Immunsystem. Hier kommt eine Übersicht über wichtige Inhaltsstoffe, welche die meisten Lebensmittel mit der entsprechenden Farbe enthalten.

- **Orangefarbene und gelbe Lebensmittel:** Die meisten enthalten Beta-Carotin, welches unser Körper in Vitamin A umwandelt. Vitamin A unterstützt unsere Sehkraft und trägt zu einer normalen Funktion unseres Immunsystems bei. Gelb sind oft auch Nahrungsmittel, die den Körper mit Energie versorgen, etwa Kartoffeln, aber auch Getreide, Öl und Butter. Getreideprodukte enthalten zudem Vitamin B und E sowie Proteine und Fettsäuren, die wir für schöne Haut, Haare und Nägel benötigen.
- **Rote Lebensmittel:** Für die Rotfärbung sind Flavonoide verantwortlich, und diese lassen unseren Körper nicht nur langsamer altern, sondern sind auch gut für unser Herz.
- **Grüne Lebensmittel:** Diese sind reich an Chlorophyll und Lutein, die unseren Körper dabei unterstützen, Giftstoffe auszuschwemmen und neue Zellen aufzubauen.
- **Blaue Lebensmittel:** Die meisten enthalten Anthocyane, welche die gesunden Blutgefäße unterstützen und vor Hautalterung schützen. Darüber hinaus wird ihnen eine entzündungshemmende Wirkung zugeschrieben und sie sind verantwortlich für eine gute Gehirnleistung und für unsere Sehkraft.
- **Weiße Lebensmittel:** Sie lassen sich prima für Augen und Zähne einsetzen und enthalten Allicin, das entzündungshemmend und antibakteriell wirkt. Weiß sind häufig auch proteinreiche Nahrungsmittel wie Fisch, Eier, Soja und Käse. Willst du starke Muskeln haben, solltest du also auch hier beherzt zugreifen.

Gesichter darstellen

Für die meisten Fun-Food-Kreationen sind Gesichter unerlässlich. Um euch einen schnellen Zugang zur Gestaltung von Gesichtern zu verschaffen, zeige ich nun, mit welchen Lebensmitteln sowohl Gesichter auf süßem Obst als auch auf herzhaften Gerichten kreiert werden können und wie ihr Emotionen darstellen könnt. Und auf S. 96 erfahrt ihr alles über die Herstellung eigener Zuckeraugen!

Für **Gesichter auf Obst** verwende ich oft
- Zuckeraugen
- Schokodekor (für Details)
- Zuckerkonfetti (für rote Wangen bei ganz kleinen Gesichtern)
- Mini-Marshmallows (z. B. als Augen, Zähne oder, in Rosa, als Zungen)
- rotes Obst, z. B. Erdbeeren, Apfelschalen (für Münder und Zungen)
- Blaubeeren (für Augen)

Für die **Gesichter auf Gemüse** verwende ich meistens herzhaftere Nahrungsmittel, z. B.

- Oliven (für Augen, Pupillen, Teddy-Nasen, Münder, Augenbrauen)
- Ziegenkäsescheiben (für Augäpfel)
- Norialgen-Blätter (für schwarze Details)
- Gurkenscheiben (für Pupillen)
- rote Paprika (für Mund und Zungen)

Wenn es geschmacklich passt, kann auch weißes Fruchtfleisch, z. B. das Innere der Birne, in Kombination mit herzhaften Gerichten verwendet werden. Und bei Zuckeraugen toleriere ich auch gerne die eine oder andere Ausnahme von der Regel: „Herzhaftes mit Herzhaftem kombinieren."

Emotionen darstellen

Auch Emotionen können ein wichtiges Gestaltungsmerkmal sein und eurem Fun-Food-Gericht eine besondere Note geben. Mit Emotionen lassen sich Geschichten erzählen. Schaut euch die verschiedenen Gesichter in diesem Buch an. Wie ergeht es euch, wenn ihr sie betrachtet? Fühlt ihr euch angesprochen? Welche Emotionen werden hier ausgedrückt?

Kleine Details wie ein paar Zähne oder Augenbrauen machen einen großen Unterschied. Erkennt ihr das Toast-Monster von S. 70 wieder? Wie geht es Rosa Pampelmusa, bevor ihr die eine Ecke abgeknabbert wird, und was fühlt sie danach? Die einzelnen Elemente wurden nur etwas gedreht oder verschoben, und schon ist der Gesichtsausdruck ein ganz anderer.

Hier seht ihr verschiedene Monstergesichter. Könnt ihr die Emotionen benennen, die sie ausdrücken? Bei drei Monstern fehlt das Gesicht. Fallen Euch weitere Emotionen ein, mit denen ihr diese Monster vervollständigen könnt?

Zuckeraugen und Stielaugen selbst herstellen

Ist euch die Auswahl an Zuckeraugen im Supermarkt nicht umfangreich genug, wollt ihr eure eigenen Augen herstellen? Super Idee, denn das ist zum Glück ganz einfach und macht auch noch eine Menge Spaß!

WAS IHR BRAUCHT:

250 g Puderzucker · 2 Eiweiß · Lebensmittelstift in Schwarz

1 Zunächst siebt ihr den Puderzucker gründlich und schlagt das Eiweiß steif.

2 Gebt dann den Puderzucker löffelweise zum Eischnee hinzu, sodass eine zähflüssige Konsistenz entsteht. Sollte die Masse zu flüssig geworden sein, gebt ihr noch etwas Puderzucker hinzu. Ist sie zu fest, rührt ein paar Tropfen Wasser ein.

3 Die zähe Masse füllt ihr in einen Gefrierbeutel und schneidet eine Ecke des Beutels so ab, dass eine kleine Öffnung (1–2 mm Durchmesser) entsteht. Den Gefrierbeutel mit einem Gummiband verschließen.

4 Nun nach Lust und Laune Punkte auf ein mit Backpapier ausgelegtes Backblech setzen.

5 Jetzt müsst ihr die Punkte über Nacht aushärten lassen.

6 Am nächsten Tag könnt ihr mit dem schwarzen Lebensmittelstift die Details wie Pupillen, Augenschlitze oder Wimpern aufmalen.

Für Stielaugen halbiert ihr vor dem Verteilen der Zucker-Eiweiß-Masse ein paar Zahnstocher und legt sie auf das Backpapier. Nun die Puderzuckermasse punktförmig auf die Enden der Zahnstocher aufspritzen. Ebenfalls über Nacht aushärten lassen und am nächsten Tag weiter ausarbeiten.

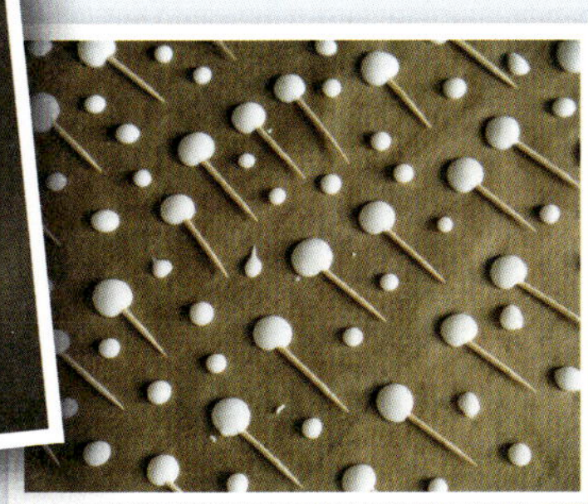

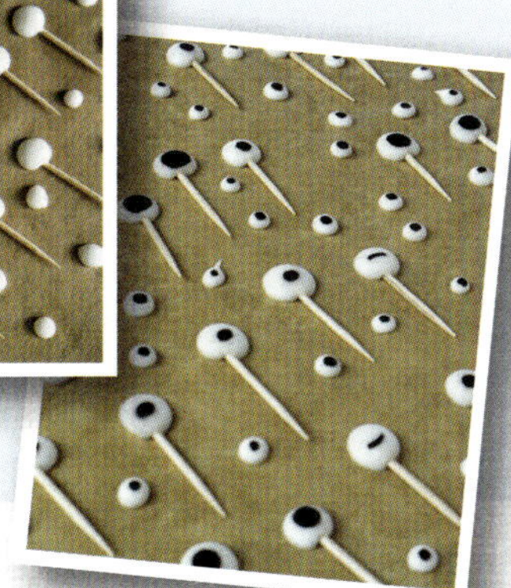

Platz für eure Ideen

Hier könnt ihr euch nun austoben: Welche Ideen für eigene Fun-Food-Kreationen habt ihr schon beim Lesen bekommen? Wie könnte euer erstes eigenes Fun Food aussehen? Was wollt ihr unbedingt mal ausprobieren? Schreibt, malt, zeichnet, kritzelt alles, was euch einfällt, hier auf und legt einfach los!

Jessica sagt Hallo und Danke!

Hallo!

Nach langjähriger Tätigkeit als Designerin in München, Stuttgart und London zog es mich mit meiner Familie zurück in meine Heimatstadt Oldenburg. Von dort aus tüftele ich nun mit meinem Partner in unserer gemeinsamen Agentur „Neongrey" an innovativen Produktideen für internationale Kunden.

Privat lasse ich meiner Kreativität am liebsten mit der Zubereitung von Fun Food freien Lauf, sehr zur Freude meiner Tochter Maja. Daraus entstanden ist auch mein Instagram-Account @finally_she_eats_apples, auf dem ich meine Welt voll bunter Obst- und Gemüse-Ideen teile.

Danke!

Mein größter Dank gilt meinen Liebsten: meiner Tochter Maja, die mir stets als Testesserin, Testköchin und ehrlichste Kritikerin zur Seite stand, und Umur für seine volle Unterstützung, seine große Geduld und seine professionellen Ratschläge – und nicht zuletzt meinen Eltern, ohne die es mich und somit das Buch logischerweise gar nicht erst geben würde.

Großen Dank möchte ich auch meiner überaus talentierten Instagram-Kollegin Luba Serebrinski aussprechen, die mich dazu ermunterte, dem Verlag meine Idee vorzustellen. Pia Deges möchte ich für den persönlichen Austausch und ihre wertvollen Tipps rund um das Bücherschreiben danken. Auch meinen Followern auf Instagram bin ich dankbar für ihre Unterstützung, ihre Treue und die Motivation, die sie mir mit ihren Kommentaren immer wieder aufs Neue schenken.

Stephanie Iber als Projektmanagerin und Lektorin des Buches stand mir stets mit Rat und Tat zur Seite. Ihr danke ich für die unkomplizierte Umsetzung und die Möglichkeit, mich in diesem Buch voll und ganz entfalten zu können. Auch dem restlichen Team des Frechverlags gebührt größter Dank für das schöne Layout, den Druck, die Logistik, das Marketing und die Erledigung alles anderen, was noch so nötig ist, um ein Buch zu veröffentlichen ... Und vor allem vielen Dank für den Glauben daran, dass meine Ideen und Anregungen viele, viele Menschen begeistern werden!

Schlussendlich möchte ich diese Seite all meinen Freunden, Freundinnen und Verwandten widmen: Ohne Euch wäre die Welt so viel weniger bunt. Es ist wunderschön, dass es Euch gibt!

Jessicas Fun-Food-Galerie

Viel Spass beim Fun-Fooden!

Buchempfehlungen für Dich

Noch mehr Kreativ-Bücher zum gleichen Thema gesucht?

ISBN 978-3-7724-8069-0

ISBN 978-3-7724-8074-4

ISBN 978-3-7724-8071-3

ISBN 978-3-7724-7294-7

ISBN 978-3-7724-7298-5

ISBN 978-3-7724-4483-8

ISBN 978-3-7724-8058-4

ISBN 978-3-7724-8064-5

ISBN 978-3-7724-4472-2

Entdecke auch unsere ...

ISBN 978-3-7724-4454-8

ISBN 978-3-7724-4448-7

ISBN 978-3-7724-4391-6

ISBN 978-3-7724-4452-4

ISBN 978-3-7724-4455-5

ISBN 978-3-7724-4626-9

ISBN 978-3-7724-4466-1

ISBN 978-3-7724-4399-2

ISBN 978-3-7724-4393-0

Viele weitere Kreativ-Bücher findest du auf www.TOPP-kreativ.de

Wer wir sind, wie wir arbeiten, was wir lieben …

Auf Instagram, Facebook und Pinterest findest du mehr über uns und unsere Arbeit und wirst immer schnell und einfach mit den neuesten Infos versorgt.

Alle News, alle Infos und alle Links findest du auf www.TOPP-kreativ.de

Impressum

FOTOS: Umur Sener (S. 100); Jessica Nebel (alle übrigen)
REZEPTE, ILLUSTRATIONEN, TEXTE: Jessica Nebel
PRODUKTMANAGEMENT UND LEKTORAT: Stephanie Iber
COVERGESTALTUNG: Tatjana Weiß
LAYOUTENTWURF UND SATZ: DOPPELPUNKT, Stuttgart
HERSTELLUNG: Katrin Röhlig
DRUCK UND BINDUNG: Drukarnia Interak Sp. z o.o.

1. Auflage 2022

ISBN 978-3-7724-4484-5 Best.-Nr. 4484